Inhaltsverzeichnis

Zauberformel für einen leckeren Aufstrich

50 g Zwiebel, 1 Knoblauchzehe (nach Wunsch)

200 g „Geschmack" z. B.
Vegetarisch (Oliven, getr. Tomaten, Paprika usw. in groben Stücken)
Fleischig (gek. Schinken, roher Schinken, Leberkäse usw. in groben Stücken)
Fischig (ger. Lachs oder Forelle usw. in groben Stücken)

Im Mixtopf zerkleinern ca.:
5 Sek./Stufe 4 (= grobe Stücke)
5 Sek./Stufe 5 (= kleinere Stücke)
5 Sek./Stufe 6-7 (= klein geraspelt)

Ca. 200 – 250 g „Babb" hinzufügen, z.B.
Frischkäse, Schafskäse, Quark, Schmand, saure Sahne

Je nach Geschmack würzen z.B. mit:
Salz & Pfeffer, Paprikapulver, Curry, Cayennepfeffer usw.

Das Ganze nun zu einem Aufstrich verrühren:
Ca. 10 Sek./Stufe 5 (fein) oder **ca. 10 Sek./↩/Stufe 2-3 (stückig)**

Abschmecken – Fertig!

Tipp zum Frischkäse

Je fettärmer der verwendete Frischkäse ist, desto flüssiger kann der Aufstrich werden. Andicken kann man dann mit einer Prise Johannisbrotkernmehl (z. B. zu finden im Reformhaus unter Biobin) oder etwas Magerquark.

Achtung: viele fettarme Frischkäse haben Zusätze, die nicht sein müssen.

D. h. Augen auf beim Frischkäsekauf!

Es gibt fettarme Frischkäse (17%), denen ist nur etwas Salz zugefügt, sonst nichts!

Joghurtfrischkäse selbst herstellen

500 g Natur-Joghurt (1,5 oder 1,8 %)
1 gehäuften TL Salz dazugeben, im Joghurtbecher verrühren.

1.   Das Garsieb mit Küchenrollenpapier (doppelt gelegt) auslegen, auf eine passende Schüssel stellen!

2.   Den mit Salz verrührten Joghurt in das Sieb einfüllen.

3.   Mit etwas weiterem Küchenrollenpapier abdecken.
Die Schüssel mit dem Sieb in den Kühlschrank stellen und mind. 24 Std. abtropfen lassen.

Tipp: Eine in das Garsieb passende Schüssel oder Dose mit Wasser befüllt (wegen des Gewichtes) als „Beschwerung" auf die Joghurtmasse stellen. Dadurch wird der Frischkäse etwas „trockener".

Lachs-Tomaten-Basilikum-Aufstrich

1 Handvoll Basilikumblätter (5-10 g)
75 g getrocknete, in Öl
eingelegte Tomaten
150 g Sockeye Wildlachs
50 g Tomatenmark
Salz, Pfeffer,
Ital. Kräutersalz,
etwas Gemüsebrühpulver

Basilikumblätter in den Mixtopf geben, **5 Sek./Stufe 8** zerkleinern.
Tomaten hinzufügen und **5 Sek./Stufe 6** zerkleinern.
Wildlachs zugeben und **5 Sek./Stufe 5** zerkleinern.
Restliche Zutaten hinzufügen und **10 Sek./Stufe 4-5** verrühren!

Harzer Tatar

ca. 30 g Zwiebel
200 g Harzer
30 g weiche Butter
30 g Bier
30 g saure Sahne
1 EL Paprikapulver
Salz, Pfeffer
1 EL Schnittlauchröllchen

Zwiebel u. Harzer in den Mixtopf geben und **5-10 Sek./Stufe 4** zerkleinern.
Restliche Zutaten dazugeben und **10–20 Sek./ ⟳/Stufe 3** zu einem Aufstrich verarbeiten.

Vegetarische Leberwurst

100 g Butter, weich in Stücken
1 kl. Dose Kidneybohnen
(abgespült und abgetropft)
100 g Röstzwiebel (Fertigprodukt)
1 TL Salz
1/2 TL Pfeffer
Je 1/2 TL getr. Thymian, Majoran und
Petersilie
1 Prise Gemüsebrühpulver

Butter in den Mixtopf geben und **5 Sek./Stufe 5**
cremig rühren. Restliche Zutaten dazugeben,
10 Sek./Stufe 5 verrühren, dann den **Rühraufsatz**
einsetzen und ca. **15 Sek./Stufe 3-4** schön cremig rühren.
Herzhaft abschmecken.

Eier-Tatar

30 g rote Zwiebel
4 hartgekochte Eier, ganz
1 EL Kapern, abgetropft
1 EL Schnittlauchröllchen
Salz & Pfeffer

Zwiebel in den Mixtopf geben und **5 Sek./Stufe 5** zerkleinern.
Restliche Zutaten dazugeben und **3 Sek./Stufe 4** verrühren.
Der Eier-Tatar soll krümelig sein – kein Aufstrich!

Butter (selbstgemacht)

**400 g Süße Sahne
(keine H-Sahne)**

Sahne in den Mixtopf geben, **Rühraufsatz** einsetzen und auf **Stufe 3** zu Sahne schlagen (Dauer unterschiedlich, zwischen **1 bis 2 ½ Min.**, dies kann auch länger dauern, je nach Fettgehalt und Frische der Sahne.) Die Sahne evtl. wieder auf den Topfboden zurückschieben und dann so lange auf **Stufe 3** schlagen, bis sich Molke abgesetzt hat und die Sahne „ausge-flockt" ist. (Butterstückchen).
Den Rühraufsatz entfernen, das Garsieb einsetzen und die Molke durch die Schütte vom Garsieb abgießen. (Aufheben, kann z.B. zum Brotbacken verwendet werden) Das Garsieb im Mixtopf lassen, dann die Butter ca. **10 Sek./Stufe 3** rühren lassen, ausgetretene Molke abgießen und dies 3-4 x wiederholen, bis die Butter trocken ist!
Butter so genießen oder mit Salz, Kräutersalz oder Gewürzmischung, je nach Geschmack, verfeinern.

Koriander-Limetten-Butter

**1 Handvoll Koriandergrün
1 Bio-Limette
1 TL Limettensaft
125 g weiche Butter
1/4 TL Salz**

Koriandergrün (gewaschen und trocken geschleudert) in den Mixtopf geben und **5 Sek./Stufe 8** zerkleinern. Das zerkleinerte Koriandergrün mit dem Spatel wieder auf den Topfboden zurückschieben. **Rühraufsatz** einset-zen! Bio-Limette heiß abwaschen, die Schale abreiben und in den Mix-topf geben. Restliche Zutaten dazu-geben und ca. **1 Min./Stufe 3-4** auf-schlagen.

Erdnussbutter

600 g ungesalzene Erdnüsse
½ TL Meersalz
1 TL Öl

Zutaten in den Mixtopf geben und **ca. 30-50 Sek./Stufe 10** zerkleinern und verrühren. Dies ist ein gesunder, leckerer Brotaufstrich.

Mediterrane Butter

20 g getrocknete Tomaten
1 Knoblauchzehe
125 g weiche Butter
1/4 TL Salz
2 TL getr. ital. Kräuter

Getrocknete Tomaten und Knoblauchzehe in den Mixtopf geben und **20 Sek./Stufe 10** zerkleinern. Die „Krümel" mit dem Spatel auf den Topfboden zurückschieben. **Rühraufsatz** einsetzen! Restliche Zutaten dazugeben und ca. **1 Min./Stufe 3-4** aufschlagen.

Möhren-Butter

100 g Möhren, geschält, in Stücken
125 g weiche Butter
1/4 TL Salz
3 TL frischen (alternativ 1 TL getr. Thymian)

Möhren in den Mixtopf geben und **5 Sek./Stufe 5** zerkleinern. **Rühraufsatz** einsetzen! Restliche Zutaten dazugeben und ca. **1 Min./Stufe 3-4** aufschlagen.

Bärlauch-Obatzter

30 g Bärlauch
30 g weiche Butter
200 g Camenbert, in Stücken
100 g Frischkäse oder Quark
Salz & Pfeffer

Bärlauch waschen, trocken tupfen, die groben Stiele entfernen, in den Mixtopf geben und **5 Sek./Stufe 8** zerkleinern. Restliche Zutaten dazugeben und ca. **20 Sek/Stufe 4** verrühren.
Wenn es sehr stark nach Bärlauch schmeckt evtl. noch etwas Frischkäse oder Quark unterrühren.

Bärlauch-Schafskäse-Aufstrich

30 g Bärlauch
200 g Schafskäse
20 g Olivenöl
1 TL Zitronensaft
Salz & Pfeffer

Bärlauch waschen, trocken tupfen, die groben Stiele entfernen, in den Mixtopf geben und **5 Sek./Stufe 8** zerkleinern. Restliche Zutaten dazugeben und **ca. 20 – 30 Sek./Stufe 4** verrühren.

Bärlauch-Camenbert-Aufstrich

25 g Bärlauch
50 g getrocknete Tomaten (ohne Öl)
200 g Camembert, in Stücken
100 g Frischkäse
Salz & Pfeffer, 1 TL ital. Kräuter

Bärlauch waschen, trocken tupfen, die groben Stiele entfernen und im Mixtopf **5 Sek./Stufe 8** zerkleinern.
Getrocknete Tomaten dazugeben und **5 Sek./Stufe 8** zerkleinern.
Restliche Zutaten hinzufügen ca. **20 Sek./Stufe 4** verrühren.

Tipps zum Bärlauch:

Einkaufen: Von Anfang März bis Mitte Mai im Supermarkt erhältlich. Es gibt ihn im Bund oder im Töpfchen.
Aufbewahren: in feuchtes Küchentuch gewickelt hält er ca. 2 Tage.
Sammeln: Bärlauch wächst in lichten Wäldern oder Flussauen. Nach der Blüte verliert er an Aroma. Damit es keine Verwechslung gibt: Die Blättern ähneln zwar giftigen Maiglöckchen und Herbstzeitlosen, aber: Bärlauch duftet nach Knoblauch, die beiden anderen Pflanzen nicht. Außerdem hat er dünne Stiele, Herbstzeitlose wachsen direkt aus dem Boden. Im Gegensatz zu Maiglöckchen sind Bärlauchblätter an der Unterseite matt.
Schnell unter fließendem Wasser abbrausen, dann zwischen Küchentüchern trocknen und erst kurz vor dem Zubereiten schneiden oder zerzupfen, denn beim Zerkleinern entwickelt er sein volles Knoblaucharoma. Das verfliegt allerdings schneller als bei Knoblauch.

Das ganze Jahr über Bärlauch genießen?
Klar – einfach auf „Eis" legen. (Einfrieren ist kein Problem!)

Tipp: Die gewaschenen und getrockneten Bärlauchblätter (ohne Stiel) in Stapeln von z.B. 25 g nebeneinander in wiederverschließbare Gefrierbeutel geben und einfrieren! Bei Bedarf stapelweise entnehmen und sofort im Thermomix zerkleinern und weiterverarbeiten – z. B. für einen Brotaufstrich, Spätzle oder Nudelteig!

Würzige Tomatenpaste

1 Knoblauchzehe
200 g in Öl eingelegte Tomaten
(abgetropft)
1 zerbröselte getr. Chilischote
oder ½ - 1 TL getr. Chilipulver
(nach Belieben)
1 Prise Salz, 1 Prise Pfeffer,
getrocknetes Basilikum
¼ Tl Gemüsebrühpulver
30 g Wasser

Knoblauchzehe in den Mixtopf geben und **5 Sek./Stufe 5** zerkleinern.
Tomaten dazugeben und **5 Sek./Stufe 5** zerkleinern.
Restliche Zutaten dazugeben und **5 Min./100 °C/Stufe 1** dünsten.
Nach Belieben danach nochmal **5 Sek./Stufe 7-8** pürieren.
Abschmecken!

Die Paste sollte pikant würzig schmecken.
Lecker aufs Brot und Brötchen. Entweder etwas dicker „Pur" oder etwas
„dünner" anstelle Butter unter Käse!
Schmeckt lecker warm oder kalt zu Nudeln. Geriebenen Parmesan oder
Peccorino dazu servieren! Wenn frisches Basilikum vorhanden, dann etwas
über die Paste und Nudeln geben!

Tipp: den Mixtopf danach nicht spülen, sondern Wasser für die Nudeln rein-
geben und dann die Nudeln kochen!

Tomaten-Walnuss-Aufstrich

100 g getrocknete Tomaten
50 g Walnusskerne
200 g Frischkäse
Salz, Pfeffer, ital. Kräuter

*Tipp: Dieser Aufstrich
schmeckt sehr lecker anstelle
Butter unter Scheibenkäse.
Ebenso passt er auch gut zu
Nudeln, Pellkartoffeln oder
Ofenkartoffeln.*

Getrocknete Tomaten in eine kleine Schüssel geben, mit lauwarmem Wasser bedecken und ca. 30 Minuten einweichen lassen. Dann über einem Sieb abgießen und abtropfen lassen. Die abgetropften Tomaten zusammen mit den Walnusskernen in den Mixtopf geben und **10 Sek./Stufe 6** zerkleinern. Restliche Zutaten dazugeben und ca. **20 Sek./Stufe 4** zu einem Aufstrich verarbeiten.

Tomaten-Oliven-Ziegenfrischkäse-Aufstrich

50 g getrocknete Tomaten
**50 g schwarze Oliven,
entkernt**
**200 g Frischkäse mit mildem
Ziegenkäse**
Salz, Pfeffer, ital. Kräuter

50 g getrocknete Tomaten in eine kleine Schüssel geben, mit lauwarmem Wasser bedecken und ca. 30 Minuten einweichen lassen. Dann über einem Sieb abgießen und abtropfen lassen. Die abgetropften Tomaten zusammen mit den Oliven in den Mixtopf geben und **10-15 Sek./Stufe 6-7** zerkleinern. Restliche Zutaten dazugeben und ca. **20 Sek./Stufe 4** zu einem Aufstrich verarbeiten.

Tomaten-Marmelade

500 g Tomaten
1 Schalotte
1 Knoblauzehe
5 g Olivenöl (= 1 TL)
70 g Zucker
30 g Weißweinessig
1 Tl Kräuter der Provence
etwas Salz & Pfeffer

Tomaten für die Marmelade vorbereiten:

Stielansatz herausschneiden. Eine Schüssel bereitstellen, in die der Gareinsatz passt. Die Tomaten in den Gareinsatz geben, diesen in die Schüssel stellen und mit kochendem Wasser übergießen. Ca. 1 Minute stehen lassen, dann den Gareinsatz (mit Hilfe des Spatels) aus der Schüssel mit dem Wasser nehmen. Die Tomaten abschrecken und häuten. Dann vierteln, die Kerne und das wässrige Fruchtfleisch entfernen (kann man z.B. noch zu einer Soße oder Suppe zugeben!) Die vorbereiteten Tomaten ergeben jetzt ca. 250 – 300 g!

Schalotte und Knoblauchzehe im Mixtopf **5 Sek./Stufe 5** zerkleinern. Öl dazugeben und **2 Min./Varoma/Stufe 1** andünsten.
Die vorbereiteten Tomaten und den Rest der Zutaten dazugeben, **5 Sek./Stufe 4** vermischen. Das Ganze nun ca. **10-15 Min./Varoma/Stufe 1** (ohne MB) einkochen (reduzieren).
Damit es nicht spritzt und die Flüssigkeit trotzdem verdampfen kann, das Garsieb oben auf den Mixtopfdeckel stellen. Nach Ende der Garzeit sollten die Tomaten eingedickt sein. Abschmecken.

Tipp: Die Tomaten-„Marmelade" schmeckt sehr lecker zu gebackenem Camenbert oder Schafskäse, zu einer Käseplatte oder einfach als Brotaufstrich.

Tomaten-Oliven-Pesto

20 g Pinienkerne
40 g Peccorino oder Parmesan
100 g in Öl eingelegte
getrocknete Tomaten,
abgetropft (Öl aufheben!)
1 kl. Knoblauchzehe
Einige Blättchen Basilikum
(altern. getrocknet)
50 g grüne oder schwarze
Oliven, entsteint
Salz

*Tipp: Zur Aufbewahrung
in Schraubdeckelgläschen
geben. Oben drauf etwas
von dem verwendeten Öl
zur Konservierung geben. Im
Kühlschrank aufbewahren.*

Pinienkerne in einer kleinen Pfanne
ohne Fett goldbraun rösten und abkühlen lassen und in den Mixtopf geben.
Peccorino hinzufügen und
5-10 Sek./Stufe 8 zerkleinern.
Tomaten, Knoblauchzehe, Basilikum,
und Oliven in den Mixtopf geben,
ca. 5 Sek./Stufe 8 zerkleinern.
1-2 EL von dem Öl der Tomaten
und Salz dazugeben und
5-10 Sek./Stufe 3-4 verrühren.

Tomaten-Oliven-Pesto-Aufstrich

1-2 EL. Tomaten-
Oliven-Pesto
100 g Frischkäse
100 g Schafskäse

Zuaten in den Mixtopf geben ca.
10-15 Sek./Stufe 4 zu einem Aufstrich
verrühren.

*Tipp: Den Aufstrich nach dem Herstellen
des Pestos zubereiten, so spart man sich
einen Spülvorgang!*

Petersilien-Chili-Pesto

75 g Haselnusskerne
75 g Parmesan, in Stücken
2-3 Knoblauchzehen
150 g Petersilie
Salz & Pfeffer
175 – 200 g Olivenöl
1 Chilischote (rot)
½ Bio-Zitrone

Tipp: Das Pesto hält sich im Kühlschrank (mit Öl bedeckt) 2-3 Wochen, eingefroren bis zu 1 Jahr.
Schmeckt super zu Nudeln, Kartoffeln, Spargel, Kurzgebratenem, aufs Brot uvm.

Haselnusskerne in einer kleinen Pfanne ohne Fett rösten, abkühlen lassen und in den Mixtopf geben.
Parmesan zugeben u. **10 Sek./Stufe 10** zerkleinern.
Knoblauchzehen und Petersilie hinzufügen und **8-10 Sek./Stufe 8** zerkleinern.
Salz, Pfeffer und Olivenöl dazugeben und **10 – 20 Sek./Stufe 8** zu einer Paste verrühren.
Chilischote längs einritzen, entkernen, waschen, in feine Ringe schneiden und in den Mixtopf geben.
Schale der ½ Bio-Zitrone hinzufügen und ca. **10 Sek./Stufe 2-3** unter das Pesto rühren.
In Schraubdeckelgläser füllen, mit etwas Öl beträufeln und verschließen.

Käserolle im Kräutermantel

(Partygeeignet, große Menge)

100 g Parmesan, in Stücken
100 g Emmentaler, in Stücken
100 g Mascarpone
100 g Gorgonzola (oder anderer Blauschimmelkäse), in Stücken
5-10 Halme Schnittlauch
½ Handvoll frischer Oregano
½ Handvoll frischer Basilikum
1 EL Rosmarinnadeln

Parmesan in den Mixtopf geben, **15 Sek./Stufe 10** fein mahlen, umfüllen.
Emmentaler in den Mixtopf geben, **Stufe 6-8** zerkleinern.
Parmesan wieder zugeben.
Mascarpone und Gorgonzola zugeben und **Stufe 4-5** zu einer Masse vermengen, umfüllen und einige Stunden im Kühlschrank fest werden lassen.
Kräuter durch die Deckelöffnung aufs laufende Messer **Stufe 7-8** fallen lassen und zerkleinern.
Die Käsemasse zu einer langen Rolle formen und mit den Kräutern überziehen. Kräuter auf eine Fläche geben und die Rolle darin wälzen.
Im Ganzen oder in Scheiben geschnitten servieren.

Tipp: Schnelle Variante – gefrorene
italienische Kräuter verwenden.

17

Käse-Fleischwurst-Aufstrich

1 Handvoll Petersilie, ohne Stiele
30 -50 g Zwiebeln
1 hartgekochtes Ei
1 TL Senf
50 g Gewürzgurke, halbiert
100 g Fleischwurst, in Stücken
100 g Emmentaler, in Stücken
50 g weiche Butter, in Stücken
Salz, Pfeffer

Petersilie im Mixtopf **3-5 Sek./Stufe 8** zerkleinern. Zwiebeln dazugeben und **5 Sek./Stufe 5** zerkleinern.
Restliche Zutaten hinzufügen und ca. **15-20 Sek./Stufe 4-5** (je nach Wunsch der Zerkleinerung) zu einem Aufstrich verarbeiten.

Brotaufstrich á la Fleischsalat

3-4 Gewürzgurken
200 g Schinken, gekocht
(o. Putenbrust)
200 g Frischkäse
80 g Mayonnaise
Salz und Pfeffer
Schnittlauch

Gewürzgurken und Schinken (in Rollen) zwischen das Messer setzen.
5 Sek./Intervall/Stufe 4-5 zerkleinern.
Restliche Zutaten dazugeben und
10 Sek./ ⟲/Stufe 3-4 verrühren.

Tipp: Zum Kaloriensparen verwenden Sie einfach „leichte" Mayonnaise und „leichten" Frischkäse.

Puten-Ei-Aufstrich

1 Handvoll Petersilie, ohne Stiele
150 g Putenbrustaufschnitt
1 hartgekochtes Ei
50 g Frischkäse
1 TL Currypulver
1 Prise Salz & Pfeffer

Petersilie im Mixtopf
3-5 Sek./Stufe 8 zerkleinern.
Restliche Zutaten dazugeben
und **5-10 Sek./Stufe 4-5** verrühren.

Gurken-Eier-Salat

500 g Wasser
7-8 Eier
300 g Naturjoghurt
100 g leichte Mayonnaise
2 TL Senf
2 TL Zitronensaft
1 EL Schnittlauchröllchen
Salz, Pfeffer
1 Salatgurke

Tipp: Ich verwende 1,5 % Joghurt und leichte Mayonnaise um ein paar „Kalorien" einzusparen. Schmeckt trotzdem sehr lecker und erfrischend! Passt super zu Pellkartoffeln, Ofenkartoffeln oder einem frischen Weißbrot und ebenso zu einem leckeren Krustenbrot.

Wasser in den Mixtopf füllen, Eier in den Gareinsatz geben, Mixtopf verschließen und die Eier **15 Min./Varoma/Stufe 1** hart kochen. Abkühlen lassen. Das Garwasser ausgießen!
Restliche Zutaten (außer Gurke und Eier) dazugeben und **20 Sek./Stufe 3-4** vermischen! Würzig abschmecken.
Salatgurke schälen, längs halbieren, Kerne herausschaben und in groben Stücken in den Mixtopf geben.
Die hartgekochten Eier schälen, halbieren und zur Soße und der Salatgurke in den Mixtopf geben. Dann ca. **5-6 x/Intervall/Stufe 4** bis zum gewünschten „Zerkleinerungsgrad" vermengen.

Leichtes Pesto

25 g **Pinienkerne**
20 g **Parmesan**
50 g **Basilikum**
25 g **Petersilie**
1 **Knoblauchzehe**
120 g **Frischkäse „körnig"**
Salz & Pfeffer

Pinienkerne und Parmesan in den Mixtopf geben und **5 Sek./Stufe 10** zerkleinern. Basilikum, Petersilie und Knoblauchzehe dazugeben und **3-5 Sek./Stufe 8** vermengen. Frischkäse, Salz & Pfeffer dazugeben und ca. **20 Sek./Stufe 4** verrühren.

Tipp: Salatgurke in breite Scheiben schneiden, etwas aushöhlen und mit dem leichten Pesto füllen! Als Fingerfood oder als Beigabe zum „Abendbrot" servieren!

Körniger Frischkäse á la Pesto

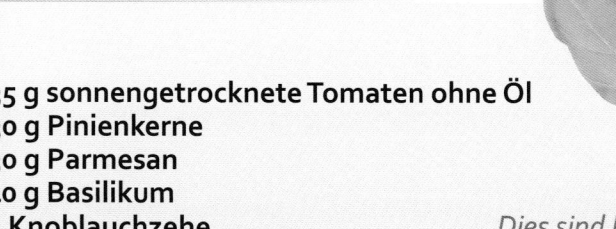

35 g **sonnengetrocknete Tomaten ohne Öl**
30 g **Pinienkerne**
30 g **Parmesan**
20 g **Basilikum**
1 **Knoblauchzehe**
200 g **Frischkäse „körnig"**
Salz & Pfeffer

Dies sind leichte Varianten von Pesto – lecker zu und aufs Brot oder mit etwas „Nudelwasser" verdünnt zu Pasta!

Tomaten in den Mixtopf geben, **10 Sek./Stufe 8** zerkleinern und umfüllen. Pinienkerne und Parmesan in den Mixtopf geben, **5 Sek./Stufe 10** zerkleinern.
Basilikum und Knoblauchzehe dazugeben **3-5 Sek./Stufe 8** vermengen.
Die zerkleinerten getr. Tomaten, Frischkäse, Salz & Pfeffer dazugeben und ca. **10 Sek./ ᗡ/Stufe 2-3** verrühren.

Tomatencreme (z.B. für Tomatentaler)

50 g getrocknete Tomaten ohne Öl
200 g kochendes Wasser
50 g Sonnenblumenkerne
50 g schwarze Oliven ohne Kerne
100 g Frischkäse
Salz & Pfeffer
1 TL getr. Ital. Kräuter

Getrocknete Tomaten mit kochendem Wasser übergießen und ca. 10 Min stehen lassen, dann über einem Sieb abtropfen lassen. Währenddessen Sonnenblumenkerne in einer Pfanne ohne Fett hellbraun anrösten. Die abgetropften Tomaten und Oliven in den Mixtopf geben und **5 Sek./Stufe 6** zerkleinern. Die angerösteten Sonnenblumenkerne, Frischkäse, Salz, Pfeffer und Kräuter zugeben und ca. **10-15 Sek./⟳/Stufe 2-3** verrühren.

Tipp: auf Baguette, Ciabatta und auch Bauernbrot genießen oder als Fingerfoood zwischen Oblaten oder Pumpernickel servieren.
Dazu jeweils 1 TL der Creme auf eine Oblate oder ein Pumpernickel geben und dann eine Oblate oder ein Pumpernickel als Deckel draufsetzen – leicht andrücken!

Herzhafte Herrencreme

30 g Zwiebel
1 Knoblauchzehe
60 g Salami
60 g Schinken, gekocht
60 g Lyoner
200 g Schmelzkäse
(mit oder ohne Kräuter)
je nach Geschmack
50 g Sahne
Salz & Pfeffer

*Tipp: Am besten 1 Tag
vorher zubereiten,
dann zieht der Aufstrich
gut durch und wird
streichfest.*

Zwiebel und Knoblauchzehe in den Mixtopf geben und **5 Sek./Stufe 5**
zerkleinern. Salami, gekochter Schinken und Lyoner dazugeben, dabei
die Scheibchen zusammengerollt zwischen das Messer setzen.
Dann **5 Sek./Stufe 4** zerkleinern, so dass es kleine Stücke gibt.
2 Min/Varoma/Stufe 1 andünsten. Schmelzkäse, Sahne, Salz & Pfeffer
hinzufügen und **5 Min/50 °C/ /Stufe 1-2** verrühren.
Vor dem Servieren gut abkühlen lassen.

Honig-Senf-Schinken-Aufstrich

80 g roher Schinken
1 EL Schnittlauchröllchen
150 g Frischkäse
50 g saure Sahne
1 Tl Senf
1 Tl Honig
Salz & Pfeffer

Schinken in Scheiben zwischen das
Messer setzen und **3 Sek./Stufe 5**
zerkleinern. Restliche Zutaten dazugeben und **10-15 Sek./ /Stufe 3**
verrühren. Evtl. noch mal abschmecken.

Hausmacher-Senf

200 g gelbe Senfkörner
200 g Wasser
200 g Balsamico-Essig, weiß
2 TL Salz
80 - 100 g Honig oder Rohrohrzucker
Evtl. getr. Kräuter (1-2 TL)

Senfkörner in den Mixtopf geben und **1 Min./Stufe 10 bzw. Turbo** zerkleinern. Restliche Zutaten dazugeben und **6 Min./80°C/Stufe 5** verrühren. Dann mit dem Spatel alles vom Topfrand runter schieben und weitere **2 Min./80 °C/Stufe 2-3** rühren lassen.

Tipp: Den Senf kann man nach Belieben gleich verwenden. Besser schmeckt der Senf, wenn er 1-2 Wochen im Schraubdeckelglas durchgezogen ist.

Balsamico-Senf

100 g gelbe und 100 g schwarze Senfkörner
200 g Wasser
200 g Balsamico-Essig, rot
100 g Zuckerrübensirup
2 TL Salz

Zubereitung wie oben (Hausmacher-Senf)

Kochkäse

Jeder hat so sein Rezept, das nach dem unten aufgeführten Schema hergestellt werden kann.

Wurde noch nach einem Rezept gesucht – Endlich gefunden!

Wichtig für TM 21 Besitzer – Nach dem Zerkleinern des Harzers bitte den Rühraufsatz/Schmetterling einsetzen, dann erst die restlichen Zutaten zugeben! Nach dem Schmelzen, vor dem Aufschlagen den Rühraufsatz/Schmetterling bitte wieder entfernen!

Die doppelte Menge kann problemlos zubereitet werden, hier muss lediglich die „Schmelzzeit" etwas verlängert werden!

Kochkäse á la Bine

200 g Harzer
150 g Butter
150 g Schmelzkäse
150 g Sahne

Harzer in den Mixtopf geben, **5 Sek./Stufe 4** zerkleinern.
Restliche Zutaten dazugeben und das Ganze **6 Min/70 °C/Stufe 1-2** schmelzen. Evtl. nochmals **1-2 Min./70 °C/Stufe 1-2** nachstellen, wenn die Masse noch nicht komplett geschmolzen ist. Auf Wunsch nach dem Schmelzen ca. **10 Sek./Stufe 5** aufschlagen, dann wird der Kochkäse schön cremig!

Kochkäse á la Bine (Light-Version)

200 g Harzer
25 g Butter
100 g QimiQ oder Kochsahne (15 %)
250 g Magerquark

Harzer in den Mixtopf geben, **5 Sek./Stufe 4** zerkleinern.
Restliche Zutaten dazugeben und das Ganze **6 Min./70 °C/Stufe 1-2**
schmelzen. Evtl. nochmals **1-2 Min/70 °C/Stufe 1-2** nachstellen, wenn
die Masse noch nicht komplett geschmolzen ist. Auf Wunsch nach dem
Schmelzen ca. **10 Sek./Stufe 5** aufschlagen, dann wird der Kochkäse
schön cremig!

Was ist QimiQ ?
Näheres dazu unter www.QimiQ.com. QimiQ gibt es mittlerweile in gut
sortierten Supermärkten oder im QimiQ-Online-Shop!

Tipps zum Marmelade bzw. Konfitüre kochen

Höchstmenge beim Kochen: 1.500 g

z.B: 750 g Früchte + 750 g Gelierzucker (1:1)
oder 1.000 g Früchte + 500 g Gelierzucker (2:1)

Man kann frische oder auch gefrorene (unaufgetaute)
Früchte zum Kochen von Marmelade oder Konfitüre verwenden.

Bei einer Füllmenge von 1.500 g kann man von einer Kochzeit von
ca. 10 – 12 Minuten/ 100 °C/Stufe 1-2 ausgehen.

Die Marmelade oder Konfitüre sollte **ca. 30 Sek.** sprudelnd aufkochen.
Gelierprobe machen, sollte es noch nicht gelieren, die Kochzeit etwas
verlängern.

Ganz hervorragend geeignet ist der Thermomix, um kleine Mengen
Marmelade oder Konfitüre herzustellen!

Hierzu z. B. einfach den Obstkorb aufräumen und aus 1 Banane, 1 Apfel,
1 Kiwi (abwiegen nicht vergessen!) plus die entsprechende Menge Gelierzucker beifügen, ein paar Sek. **Stufe 4-5** zerkleinern.
Dann ca. **4 – 5 Min./100 °C/Stufe 1-2** aufkochen lassen. Nach Wunsch
nochmals ein paar Sekunden Stufe Turbo (TM 31: Stufe 8) pürieren.

Achtung:

Verwendet man nur einen Teil vom Gelierzucker, sollte dieser erst
komplett in eine Vorratsdose gefüllt und einmal durchgeschüttelt
werden. Bei längerer Lagerung kann sich das Geliermittel unten in
der Packung absetzen, was dazu führen kann, das bei einer Teilentnahme die Marmelade nicht geliert. Also: Immer vor einer weiteren
Teilentnahme einmal durchschütteln!!!!

Rote-Früchte-Marmelade

300 g gemischte rote Früchte
1 Prise Zimt
150 g Gelierzucker 2:1

Zutaten in den Mixtopf geben **5 Sek./Stufe 3 -4** verrühren und **7 Min./Varoma/Stufe 1** kochen. Nach Ende der Garzeit auf Wunsch kurz Turbo pürieren oder mit Stücken so belassen.

Johannisbeer-Gelee (inkl. Entsaften)

1.000 g Johannisbeeren, geputzt
100 g Wasser
etwas Weiß-/ o. Rotwein
500 g Gelierzucker
1-2 EL Zitronensaft

Johannisbeeren und Wasser in den Mixtopf geben, **5 Min./100 °C/Stufe 1** aufkochen. Dann weitere **8 Min./90 °C/Stufe 1** köcheln lassen. Den Varoma auf eine Schüssel stellen! Die Fruchtmasse hineinfüllen, am besten über Nacht abgedeckt abtropfen lassen.

Zum Gelee kochen:
Waage einstellen. Johannisbeersaft in den Mixtopf wiegen und evtl. mit Weiß- oder Rotwein oder Saft auffüllen auf 750 g.
Zitronensaft und Gelierzucker dazugeben und das Ganze wie gewohnt zu Gelee kochen. Ca. **10 -12 Min./100 °C/Stufe 2.**
Gelierprobe machen!

Sanddorn-Gelee

500 g Sanddornsaft
250 g klaren Apfelsaft
Saft von ½ Zitrone
10 g Vanillezucker
750 g Gelierzucker 1:1

Zuaten in den Mixtopf geben,
20 Sek./Stufe 3 vermischen.
Dann **12 Min./100 °C/Stufe 1-2** kochen.
Gelierprobe machen und in Twist-Off-Gläser füllen.

Cranberry-Konfitüre

250 g Zucker
150 g Wasser
300 g frische Cranberries

Zucker und Wasser in den Mixtopf geben und **4 Min./100 °C/Stufe 2** erhitzen. Cranberries dazugeben und **4-5 Min./100 °C/Stufe 2** kochen, bis die Haut der Cranberries platzt. Geliert von selbst beim Abkühlen.
In heiß ausgespülte Schraubgläser füllen!

Tipp: Lecker zu gebackenem Camembert, zu Süßspeisen wie Grießbrei, Milchreis oder zu Quark oder Joghurt.
Frischetest bei Cranberries: wenn die Beeren schon etwas „schrumpelig" sind und man sich nicht sicher ist, ob sie noch gut sind: Die Beeren auf die Arbeitsfläche fallen lassen, wenn sie noch „Springen" sind sie noch „gut". Wenn sie fallen und liegen bleiben, haben sie den Test leider nicht bestanden!

Apfel-Kokos-Konfitüre mit Limette

2 EL Kokosraspel
500 g Äpfel, geschält, geviertelt, ohne Kerngehäuse
1 unbehandelte Limette (alternativ: 1 unbeh. Zitrone),
der Saft davon
250 g Gelierzucker 2:1

Kokosraspel in einer Pfanne ohne Fett goldbraun rösten – abkühlen lassen.
Limette (oder Zitrone) heiß abwaschen, Schale abreiben und zur Seite stellen. Den Saft auspressen und zusammen mit den Äpfeln in den Mixtopf geben. Gelierzucker dazugeben, **5 Sek./Stufe 4** zerkleinern und vermischen.
Konfitüre ca. **9 Min./100 °C/Stufe 2** kochen. Gelierprobe machen.
Wenn die Konfitüre „richtig" ist, die Kokosraspel und die abgeriebene
Limettenschale zugeben, kurz auf **Stufe 2** unterrühren.
In heiß ausgespülte Schraubdeckelgläschen füllen und sofort verschließen!